different color embroidery

か・わ・い・い 色ちがい刺しゅう

1つの図案の刺しゅうでも、布や糸の色を変えると、その印象はガラリと変わります。
そんな「色ちがい刺しゅう」の楽しさを味わえるかわいい作品を1冊にまとめました。
布色ちがいの作品をたくさん作ったり、あえて1色で刺しゅうをしてみるのもおすすめです。
また、お手持ちのハギレや小物に合わせて、好きな色の刺しゅうをしても素敵です。
あなたの「好き」を見つけて、お気に入りの作品を作ってみましょう。

戸塚 薫

本書の見方

● 図案中の解説は、ステッチ名(「・S」はステッチの略)、糸番号(3〜4桁の数字)、糸の使用本数(( )内の数字)の順で表示し、ステッチ記号に矢印で示しています。ステッチ記号は42頁の「刺し方の基本と応用」を参照して下さい。

● 図案はすべて実物大図案ですが、ステッチ記号は見やすいように大きめに描いてありますので、実際の刺し上がりは写真を参照して下さい。

● 数色の糸番号で解説しているところは、写真参照の上、適当に配色して下さい。

● 刺す順序は、原則的には外側から順に刺しますが、輪郭や区切りの線は内側を刺し終えてから刺します。また、①②…の表記のあるところは、その順番で刺します。

● 図案中の記号は、同じ記号がある部分は同じ刺し方をすることを示しています。さらに記号とともに糸番号が入っているものは、刺し方は同じで糸の色を変えて下さい。ただし、写真でわかるものには記号を入れていないこともあります。

● 作品の仕立てや加工(品)を専門店に依頼するときは、刺す前に、サイズや色、デザイン…等を店とよく相談、確認の上ではじめて下さい。

● 地刺し図は、方眼一マスを布1目とし、ステッチ図は濃淡をつけて区別しました。挿し方は①②…の順番で刺します。

● 解説文中の(材料)で「コスモ」と明記のあるものは、発行日現在、株式会社ルシアンの「コスモ」の商品として発売中の製品を示します。明記のないものは、その他の市販製品を示します。

　詳細は、小社編集部(TEL03-3260-1859)までお問い合わせ下さい。

　「地刺し®」は戸塚刺しゅう研究所の登録商標です。

🍎 contents

1 レトロカラー

解説 44 頁

昭和レトロな花模様。
懐かしくてあたたかい色合いです。

a

＜ピンクッション＞

b

c

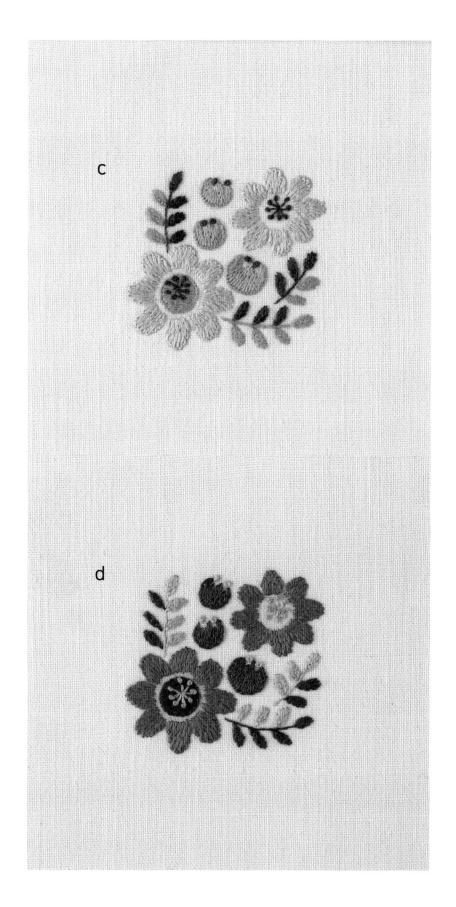

d

2 **4色の野バラ**

解説 45 頁

色ちがいのワイルドローズ4点。ベージュと
グリーンの葉がそれぞれの花を引き立てます。

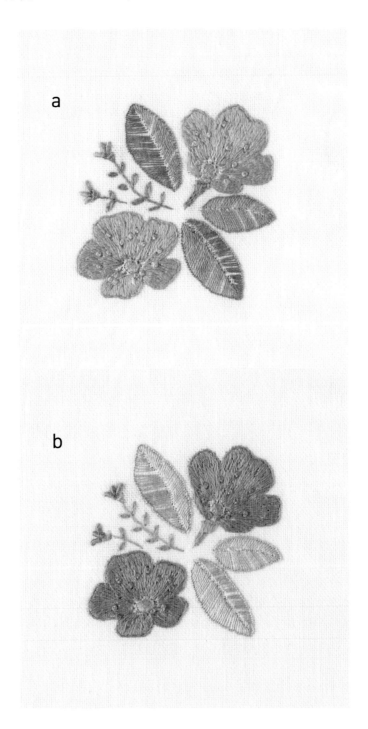

a

b

c

<ミニ額>

d

3 かわいい野の花

解説 46 頁

生成に映える白の野の花。白地のテトラサシェには
ほんのりやさしい色を合わせました。

a

b

＜テトラサシェ＞

1

2

3

4

9

4 ディープカラーの野の花

解説 48 頁

線画の花模様には、はっきりとした色が
よく合います。

a

b

＜二つ折りポーチ＞

5 ビタミンカラーのフルーツ

解説 50 頁

> イエロー、グリーン、オレンジ。布も刺しゅうも、
> 爽やかなビタミンカラーでまとめました。

<ミニバッグ>

a

b

6 カラフルな野菜たち
解説 51 頁

キッチングッズにあしらいたい、
元気でカラフルな野菜たちです。

a

7 シンプルカラーの木の葉

解説 52 頁

色もステッチもシンプルな木の葉は、好みの布、糸で自由にアレンジしやすいモチーフです。

a

b

8 木の実

解説 54 頁

かわいいベリー3種。布色に合わせ、
カラフル系とやさしい系の色合いで。

a

＜がま口＞

b

9 木立と小鳥

解説 53 頁

ダークブラウンにはパステルカラー、マスタードイエローにはグリーンと
ブルーを効かせて。かわいい小鳥たちは、見つかりましたか?

＜額＞

a

b

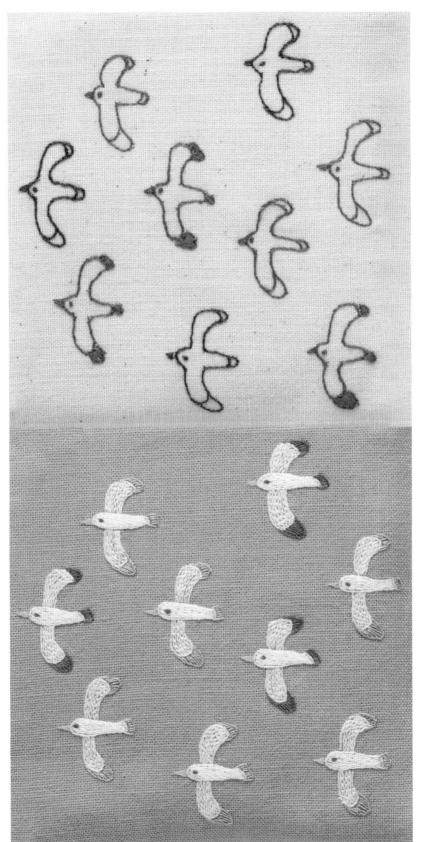

a

b

10 かもめ

解説 56 頁

かわいいかもめたちのファスナー付きミニポーチ。
布、糸と、ステッチも変えて。お好みはどちらですか?

<ミニポーチ>

11 かわいい小花

解説 58 頁

ちょっとレトロな小花模様を、シンプルな巾着袋に
あしらいました。プレゼントにも喜ばれそうです。

a

<巾着>
b

12 花のリース

解説 59 頁

シンプルめカラーの花のリース。各4色のみ使用しています。
やさしい色合いの小花も、ダークブルーの布地にきりっと映えます。

<オーナメント>

a

b

13 ビビッド & パステルな花模様

解説 60 頁

> 楽しい花模様のリース。並べて飾ってもすてきです。
> ちょっと頑張って両方作ってみたくなります。

a

＜オーナメント＞

b

14 ピンク＆オレンジのポピー

解説 62 頁

> シンプル仕立てのファブリックパネル。
> ポピーの色合いを変えて、いろいろアレンジ出来そうです。

＜ファブリックパネル＞ a

15 布色ちがいの花刺しゅう

解説 64 頁

同色のお花も布色で印象がちがいます。
「布の色ちがい刺しゅう」の楽しさを味わえる作品です。

a

b

16 小花の連続模様
解説 66 頁

布、糸の組み合わせでアレンジ自在の地刺しの小花。
横に続けてボーダーにしたり、布と同系のシンプルカラー
にしてもすてきです。

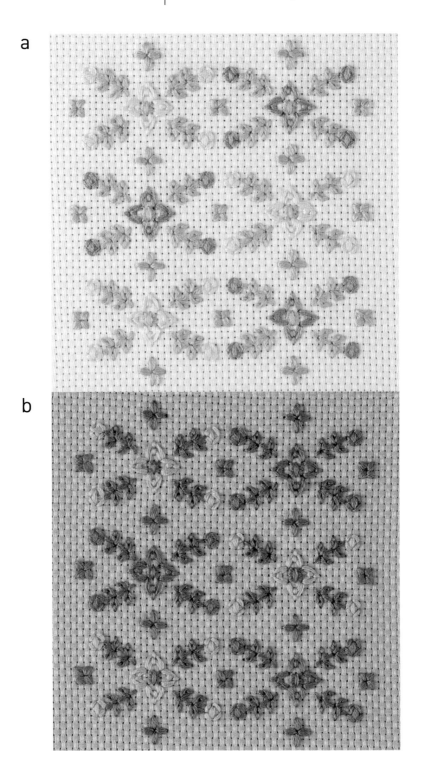

a

b

<がま口>

c

d

17 地刺しのスクエア模様

解説 68 頁

濃淡3色使いと、布と同系＋1色の2色使いのスクエア模様。
好みの色の布に変えて、色ちがいの刺しゅうがたくさん作れそうなモチーフです。

a
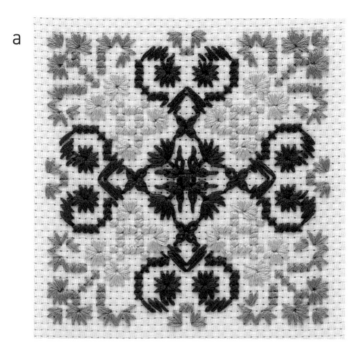

b

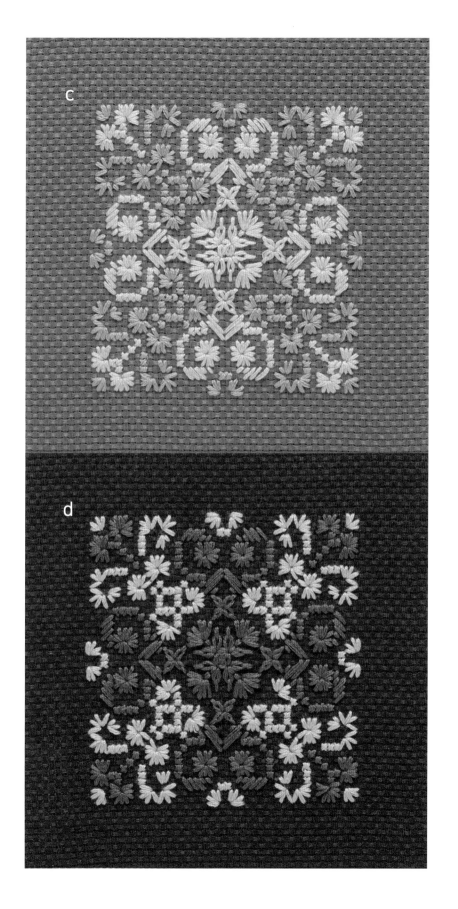

18 はっきりカラーの地刺し模様

解説 70 頁

くり返しが楽しい地刺し模様。a,b は白を利かせて爽やかに。
c,d は同系 4 色を使って、ぐっと厚みのある印象です。

a

b

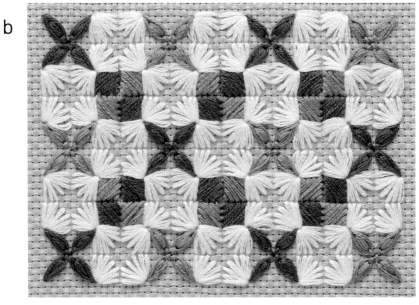

c

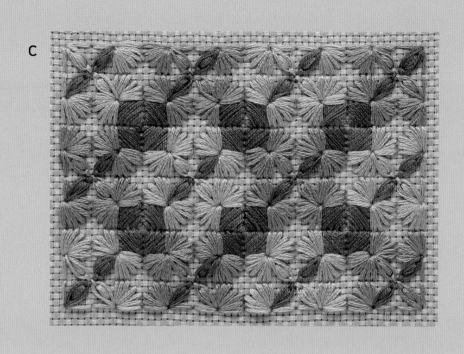

d

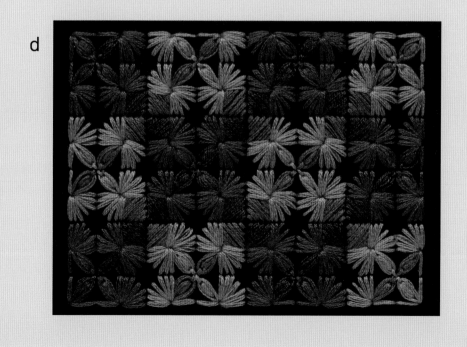

刺しゅうをはじめる前に

◆ 用 布 ◆

刺しゅう用としては、綿や麻のものが刺しやすく、取扱いが簡単ですが、目的に応じて布の種類や素材を選ぶことが必要です。

布目を数えながら刺す地刺しには、縦糸と横糸が同じ太さで等間隔に織られた、布目のはっきりした布が適しています。手芸材料店では、刺しゅう用に織られた布が手に入ります。

◆ 刺しゅう針 ◆

刺しゅう用の針は穴が細長いところが特徴で、針の長さや太さはいろいろ揃っています。刺しゅうする布の材質や刺しゅう糸の本数によって、針の太さ、長さを使い分けます。地刺しなどのように布目を拾っていく場合は、先の丸いクロスステッチ針を使用すると刺しやすく、布の織り糸を割らずにきれいに仕上がります。

◆ 針と糸との関係 ◆

針の号数は、針の太さと長さを示しています。数が大きくなるほど、針は細く、短くなります。2本どり、4本どり、6本どりなど、糸の本数に合わせて、針を選びましょう。

コスモフランス刺しゅう針		コスモ クロスステッチ針 (地刺し針)	
2号	6〜8本どり	20号	6〜10本どり
3号	4〜5本どり	22号	4〜6本どり
4号	3〜4本どり	24号	2〜3本どり
6号	1〜2本どり	26号	1〜2本どり

◆ 刺しゅう糸 ◆

一般的に使われる糸としては、25番刺しゅう糸と5番刺しゅう糸、シーズンズ刺しゅう糸、ラメ糸などがあります。一番よく使われる25番刺しゅう糸は、6本の細い糸がゆるくよられていて1本になっています。使用する時は、必要な本数に合わせて細い糸を1本ずつ抜き取って使います。使用する時は、「糸の扱い方」を参照し、使いやすいように準備し、必要な本数を1本ずつ抜き取って使います。

◆ 刺しゅう枠 ◆

ふつうは円形の枠を使います。大きさは様々ですが、8〜12cmのものが使いやすいでしょう。

◆ 糸の扱い方 ◆

25番刺しゅう糸は紙帯をはずし、輪に巻いた状態に戻します（①図）。

次に輪の中に手を入れ、糸の端と端をつまんで、からまないように輪をほどいていきます（②図）。ほどき終わって半分の長さになった糸を、さらに半分ずつ2回折り、全体を8等分の長さにしたら糸を切ります（③図）。切り終わった糸に糸番号の付いた紙帯を通しておくと、配色や糸を追加する時に便利です。糸を使う時は、面倒でも使用本数に合わせて1本ずつ糸を抜き、揃えて使用します。その時、糸の中央から抜くと、抜きやすいでしょう。1本ずつ抜くことによって、糸目が揃い、出来上がりが美しくなります（④図）。

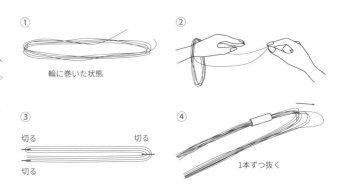

① 輪に巻いた状態

②

③ 切る 切る 切る

④ 1本ずつ抜く

40

◆ 糸を針に通す方法 ◆

針を片手に持ち、もう片方の手で糸の端を持ちます。糸を針の頭にあてたまま、糸を二つに折ります（①図）。親指と人指し指で糸の二つに折れた部分をしっかり挟み、針を抜いて糸に折り山を作ります（②図）。そのまま親指と人指し指を少し開いて糸の折り山をのぞかせ、糸を針の穴へ通します（③図）。

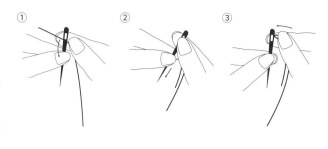

◆ 刺しはじめと刺しおわり ◆

刺しはじめ、刺しおわりとも、基本的に玉結びは作りません。刺しはじめは、途中で糸が抜けないように少し離れたところから針を入れ、糸端を7〜8cm残して、ステッチをはじめます。刺しおわりは裏に糸を出し、最後の針目の糸をすくい、同じように数回糸をくぐらせてから、糸を切ります。刺しはじめに残した糸にも針を通して、刺しおわりと同じように針目に糸をくぐらせてから糸を切ります。

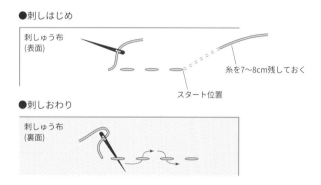

●刺しはじめ

刺しゅう布（表面）

糸を7〜8cm残しておく

スタート位置

●刺しおわり

刺しゅう布（裏面）

◆ 洗濯について ◆

刺しゅう糸がほつれてこないよう裏側の糸の始末を確認しましょう。洗濯は一度水につけてから中性洗剤を入れ、やさしく押し洗いをし、その後、水で何度もすすぎます。この時、万一余分な染料が出ても、あわてて水から出さずに、色が出るのが止まるまで、充分すすいで洗い流します。脱水はたたんで軽く脱水機にかけるか、タオルに挟んで水分を取り、薄く糊づけします。乾燥は風通しの良い所で日陰干しをし、アイロンはステッチがつぶれないように毛布などの柔らかい物を台にして、裏から霧を吹きかけながら高温（摂氏180〜210度）で当てます。クリーニングに出す時はフッソ系のドライクリーニングが最も安全ですが、いずれにしても店とよく相談して下さい。

◆ 図案の写し方 ◆

＊図案の上にトレーシングペーパーなど透ける紙を重ねて、鉛筆で図案を写します。

＊次にこのトレーシングペーパーを布の上に置き、間に「刺しゅう用コピーペーパー」をはさみ、待ち針等で固定します。

＊図案紙が破けないように、セロファン紙を図案の上にかぶせ、「転写用ペン」や「インクのなくなったボールペン」などで図案の線をていねいになぞります。

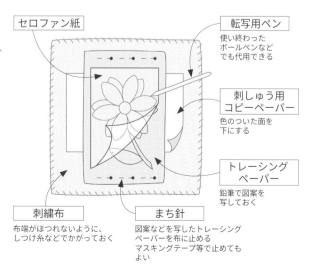

セロファン紙

転写用ペン
使い終わったボールペンなどでも代用できる

刺しゅう用コピーペーパー
色のついた面を下にする

トレーシングペーパー
鉛筆で図案を写しておく

刺繍布
布端がほつれないように、しつけ糸などでかがっておく

まち針
図案などを写したトレーシングペーパーを布に止めるマスキングテープ等で止めてもよい

ステッチの基礎

＊この本で使っているステッチの種類とその刺し方です。
解説中のステッチ記号は、各ステッチ名の横に示しました。

＊ 美しく刺すために ＊

◆ 糸の引き加減はきつすぎずゆるすぎず、均一の調子で刺し、ステッチの大きさが揃うようにしましょう。

◆ 刺しているうちに針に付けた糸がねじれてくるので、よりを戻しながら刺しましょう。

◆ 失敗して何度もほどいた糸は、けば立って仕上がりが美しくありません。新しい糸に替えて刺しましょう。

◆ 裏側で糸を長く渡さないようにしましょう。先に刺したステッチを利用し、その中を通したり、からめたりして糸を渡します。

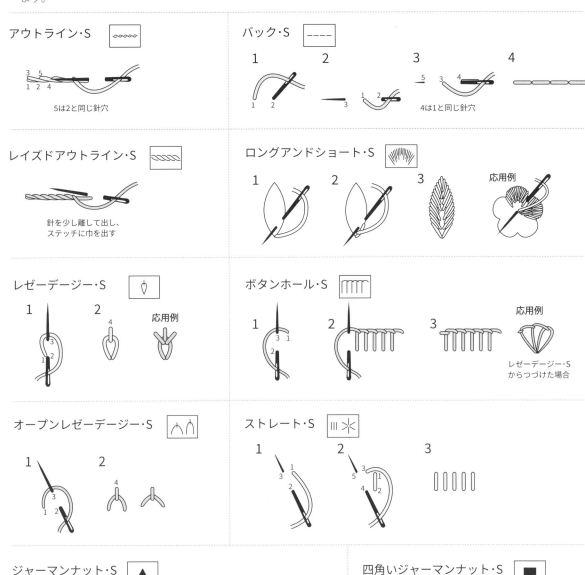

アウトライン・S　5は2と同じ針穴

バック・S　1　2　3　4　4は1と同じ針穴

レイズドアウトライン・S　針を少し離して出し、ステッチに巾を出す

ロングアンドショート・S　1　2　3　応用例

レゼーデージー・S　1　2　応用例

ボタンホール・S　1　2　3　応用例　レゼーデージー・Sからつづけた場合

オープンレゼーデージー・S　1　2

ストレート・S　1　2　3

ジャーマンナット・S　1　2　3　4　5

四角いジャーマンナット・S　3は1の上に出す

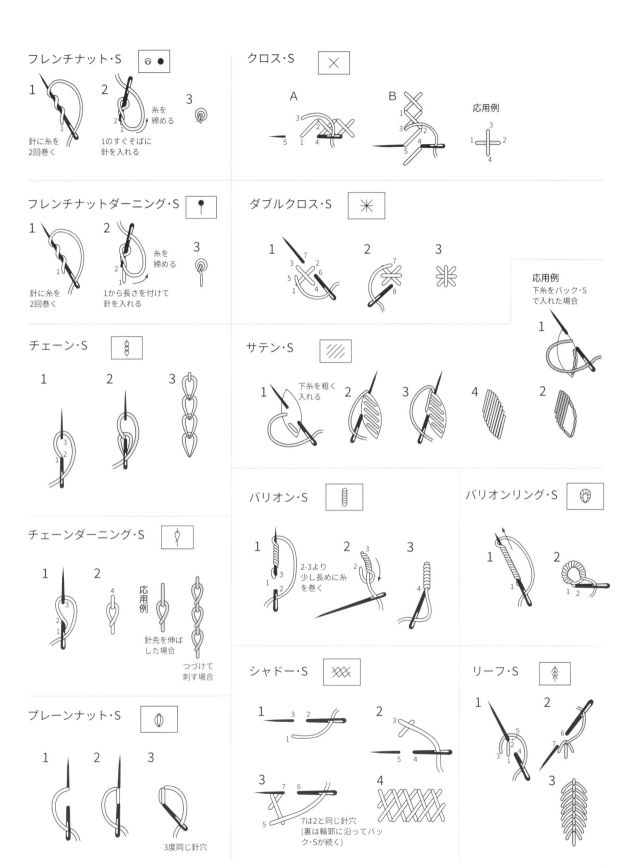

フレンチナット・S

クロス・S

フレンチナットダーニング・S

ダブルクロス・S

チェーン・S

サテン・S

バリオン・S

バリオンリング・S

チェーンダーニング・S

シャドー・S

リーフ・S

プレーンナット・S

1 レトロカラー　　口絵 4 頁

a、b ＜ピンクッション＞
●コスモ1700番フリーステッチ用コットンクロス(83プラムグレー)　20×15cm(一枚分)。
●コスモ25番刺繍糸
　a(ピンクと白の花)　グレー474　赤紫483　白2500。
　b(黄と白の花)　黄2009　グリーン272　白500。
●手芸用綿　適宜(一個分)。

●糸番号は、**a**(**b**)の順に解説しています。

474(272)(2)

2500(500)(1)

外から
チェーンダーニング・S 2500(500)(2)
ストレート・S 2500(500)(1)

ストレート・S、フレンチナット・S
483(2009)(1)

外から
チェーンダーニング・S 483(2009)(2)
ストレート・S 483(2009)(1)

483(2009)(2)

アウトライン・S 483(2009)(1)

ストレート・S、フレンチナット・S
2500(500)(1)(上から重ねる)

リーフ・S 2500(500)(2)

アウトライン・S
474(272)(1)(刺しうめる)

下から
ボタンホール・S 474(272)(2)
ストレート・S 474(272)(1)
フレンチナット・S 483(2009)(2)

アウトライン・S 474(272)(1)

474(272)(1)

c、d
●コスモ1700番フリーステッチ用コットンクロス(93ペールグレー)　15×15cm(一枚分)。
●コスモ25番刺繍糸
　c(青の花)　ブルー167、2025　グリーン336。
　d(オレンジの花)　グリーン325　茶386　オレンジ404。

●刺し方は、**a**、**b**と同様です。
●糸番号は、**c**(**d**)の順に解説しています。

336(386)(2)

167(325)(1)

外から
2025(404)(2)、2025(404)(1)

167(325)(1)

167(325)(2)

外から
2025(404)(2)
2025(404)(1)

336(386)(2)

167(325)(1)

167(325)(1)

下から
336(386)(2)、336(386)(1)、
167(325)(2)

336(386)(1)

336(386)(1)

a、b ＜ピンクッション＞

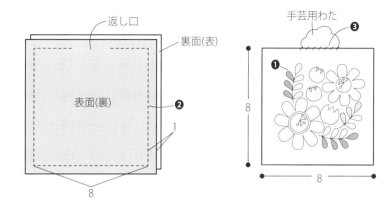

仕立て方　　　単位：cm

❶表面に刺しゅうし、
　縫い代を1cmつけて裁つ
❷❶と同様に裁った裏面を中表に
　合わせ、返し口を残して縫う
❸❷を表に返し、手芸用綿を入れ、
　返し口をまつる

2　4色の野バラ　　口絵6頁

a、b

●コスモ1700番フリーステッチ用コットンクロス(11白)
　15×15cm(一枚分)。
●コスモ25番刺繍糸
　a(オレンジの花)　オレンジ2402　グレー473・474　トルコ
　ブルー564。
　b(ピンクの花)　ローズ222　茶380　トルコブルー563　灰
　褐色714。

c、d ＜ミニ額＞

●コスモ1700番フリーステッチ用コットンクロス(11白)
　15×15cm(一個分)。
●コスモ25番刺繍糸
　c(黄の花)　グリーン325A　金茶701　灰褐色714。
　d(赤の花)　ローズ2223　グリーン2535　灰褐色714。
●接着芯　15×15cm、市販の額縁[額内寸：8×8cm]
　1個(各一個分)。

●刺し終えたら、裏に接着芯を貼り、
　額縁の大きさに合わせてカットし、はめ込みます。

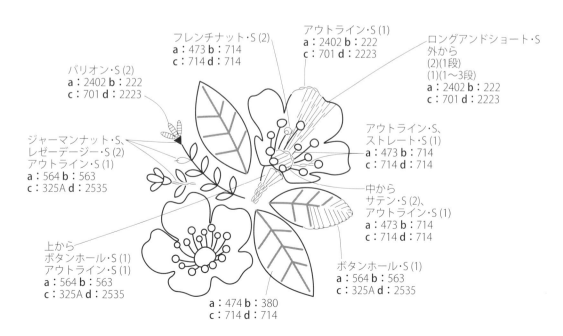

3 かわいい野の花　口絵8頁

a、b

●コスモ500番コーム(99生成)　ヨコ20×タテ15cm(一枚分)。
●コスモ25番刺繍糸
　a(ピンクと青の花)　グリーン2317　赤紫484A　ブルー2662　白2500。
　b(黄と茶の花)　グリーン2118　黄144A　茶425　白2500。

●糸番号は、**a**(**b**)の順に解説しています。(　)のないものは共通です。

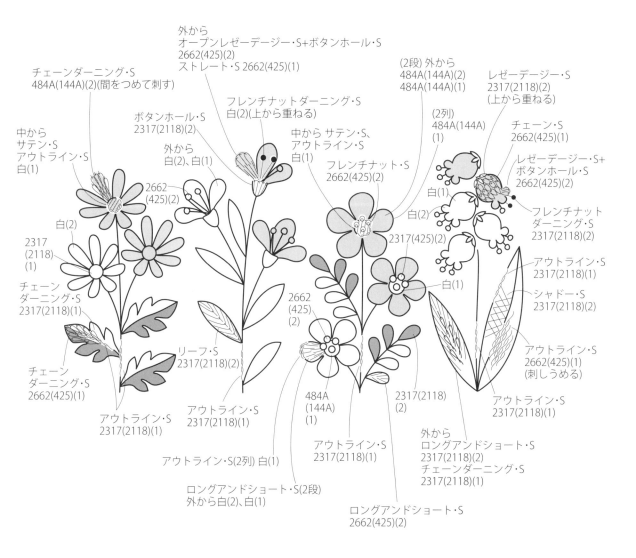

外から
オープンレゼーデージー・S+ボタンホール・S
2662(425)(2)
ストレート・S 2662(425)(1)

チェーンダーニング・S
484A(144A)(2)(間をつめて刺す)

フレンチナットダーニング・S
白(2)(上から重ねる)

(2段) 外から
484A(144A)(2)
484A(144A)(1)

レゼーデージー・S
2317(2118)(2)
(上から重ねる)

ボタンホール・S
2317(2118)(2)

中から
サテン・S
アウトライン・S
白(1)

外から
白(2)、白(1)

中から サテン・S、
アウトライン・S
白(1)

(2列)
484A(144A)
(1)

チェーン・S
2662(425)(1)

レゼーデージー・S+
ボタンホール・S
2662(425)(2)

フレンチナット・S
2662(425)(2)

2662
(425)(2)

白(1)

白(2)

フレンチナット
ダーニング・S
2317(2118)(2)

2317
(2118)
(1)

チェーン
ダーニング・S
2317(2118)(1)

2317(425)(2)

アウトライン・S
2317(2118)(1)

シャドー・S
2317(2118)(2)

白(1)

2662
(425)
(2)

チェーン
ダーニング・S
2662(425)(1)

リーフ・S
2317(2118)(2)

アウトライン・S
2662(425)(1)
(刺しうめる)

アウトライン・S
2317(2118)(1)

アウトライン・S
2317(2118)(1)

484A
(144A)
(1)

2317(2118)
(2)

アウトライン・S
2317(2118)(1)

アウトライン・S(2列) 白(1)

アウトライン・S
2317(2118)(1)

外から
ロングアンドショート・S
2317(2118)(2)
チェーンダーニング・S
2317(2118)(1)

ロングアンドショート・S(2段)
外から白(2)、白(1)

ロングアンドショート・S
2662(425)(2)

46

＜テトラサシェ＞
- ●麻布(白)　ヨコ25×タテ15cm(一個分)。
- ●コスモ25番刺繍糸
  - 1、2　グリーン2317　赤341　赤紫484A　ブルー2662　白2500。
  - 3、4　グリーン2118　黄142・144A　茶425　白2500。
- ●5mm巾ステッチ入りリネンテープ　15cm、手芸用綿　適宜
  (各一個分)。
- ●指定以外1、2は**a**と同様、3、4は**b**と同様に刺します。

裁ち方図　　単位：cm

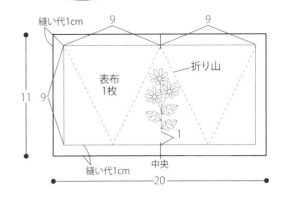

縫い代1cm　9　　9
折り山
表布
1枚
11　9
1
縫い代1cm
中央
20

仕立て方

1. 刺しゅう布に刺しゅうし、縫い代を1cmつけて裁つ
2. ❶中央上部に、リネンテープを図のように重ね、仮止めする
3. 中表に半分に折り、返し口を残して上と横を縫う
4. 横側の縫い代を開いてから、★印同士を合わせて下端を縫う
5. 表に返し、アロマオイルを数滴しみ込ませた手芸用綿を詰めて返し口を閉じる

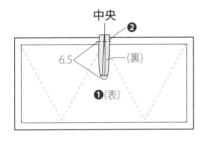

中央
❷
6.5　　(裏)
❶(表)

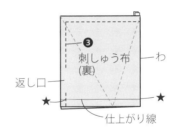

❸
刺しゅう布
(裏)
返し口　わ
★
★
仕上がり線

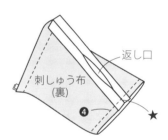

返し口
刺しゅう布
(裏)
❹　★

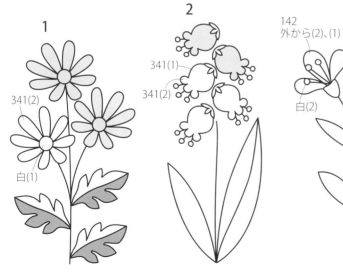

1
341(2)
白(1)

2
341(1)
341(2)

3
142
外から(2)、(1)
白(2)

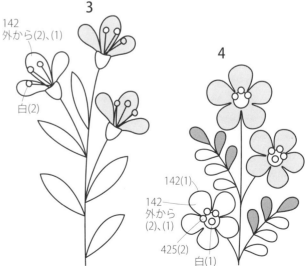

4
142(1)
142
外から
(2)、(1)
425(2)
白(1)

47

4 ディープカラーの野の花 口絵 10 頁

a ＜二つ折りポーチ＞
● コスモ1700番フリーステッチ用コットンクロス
　（31スモーキーブルー）　ヨコ25×タテ40cm。
● コスモ25番刺繍糸　ブルーグレー735　グリーン
　2011　白2500。
● 裏地用木綿地　25×40cm、接着芯　同寸。

b
● コスモ1700番フリーステッチ用コットンクロス
　（90ビンテージブルー）　ヨコ20×タテ15cm。
● コスモ25番刺繍糸　赤茶855　黄2005　白2500。

● 糸番号は、**a**(**b**)の順に解説しています。（　）のない
　ものは共通です。

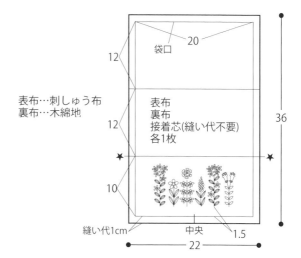

裁ち方図　単位：cm

袋口　20

12

表布…刺しゅう布
裏布…木綿地

表布
裏布
接着芯(縫い代不要)
各1枚

12

36

10

縫い代1cm　中央　1.5

22

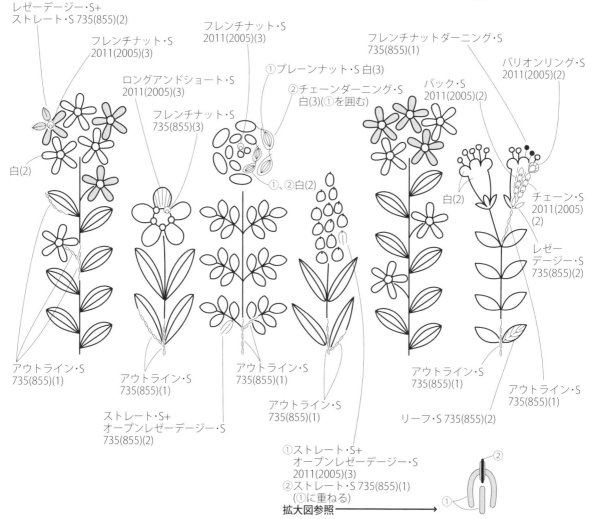

レゼーデージー・S＋
ストレート・S 735(855)(2)

フレンチナット・S
2011(2005)(3)

ロングアンドショート・S
2011(2005)(3)

フレンチナット・S
735(855)(3)

フレンチナット・S
2011(2005)(3)

①プレーンナット・S 白(3)
②チェーンダーニング・S
　白(3)(①を囲む)

①、②白(2)

フレンチナットダーニング・S
735(855)(1)

バリオンリング・S
2011(2005)(2)

バック・S
2011(2005)(2)

白(2)

白(2)

チェーン・S
2011(2005)
(2)

レゼー
デージー・S
735(855)(2)

アウトライン・S
735(855)(1)

アウトライン・S
735(855)(1)

ストレート・S＋
オープンレゼーデージー・S
735(855)(2)

アウトライン・S
735(855)(1)

アウトライン・S
735(855)(1)

アウトライン・S
735(855)(1)

アウトライン・S
735(855)(1)

リーフ・S 735(855)(2)

アウトライン・S
735(855)(1)

①ストレート・S＋
　オープンレゼーデージー・S
　2011(2005)(3)
②ストレート・S 735(855)(1)
　(①に重ねる)

拡大図参照→　①　②

48

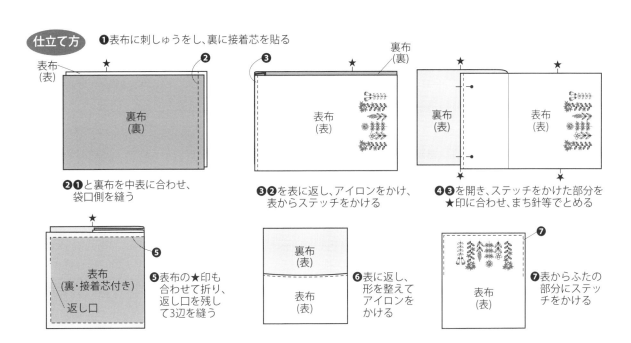

仕立て方 ❶表布に刺しゅうをし、裏に接着芯を貼る

表布（表）

❷

裏布（裏）

❷❶と裏布を中表に合わせ、袋口側を縫う

❸

裏布（裏）

表布（表）

❸❷を表に返し、アイロンをかけ、表からステッチをかける

裏布（表）　表布（表）

❹❸を開き、ステッチをかけた部分を★印に合わせ、まち針等でとめる

❺

表布（裏・接着芯付き）

返し口

❺表布の★印も合わせて折り、返し口を残して3辺を縫う

裏布（裏）

表布（表）

❻表に返し、形を整えてアイロンをかける

表布（表）

❼

❼表からふたの部分にステッチをかける

---

5 ビタミンカラーのフルーツ　口絵12頁　　解説は50頁に掲載

a ＜ミニバッグ＞

仕立て方　単位：cm

❶表布前面に刺しゅうする。
❷表布（前、後面）の裏に接着芯を貼る
❸持ち手用の布を図のように四つ折りにし、端にミシンをかけ、持ち手を2本作る

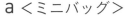

❸　→2

裁ち方図

単位：cm

表布…刺しゅう布
裏布…木綿地

```
          縫い代
          1cm
   ┌──────────┐   ┌──┐
   │  本体    │   │持│
26 │ 表布、裏布、│   │ち│
   │接着芯(縫い代│ 30│手│
   │不要)     │   │表布│
   │ 各2枚    │   │2枚│
   └──────────┘   └──┘
      23          8
                  縫い代
                  1cm
```

❻

表布（裏・接着芯付き）

表布（表）

裏布（表）

裏布（裏）

返し口

28

❽

24　表布（表）
21

❽表布が表になるように返し、袋口に端ミシンをかける

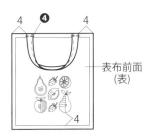

4　❹　4

表布前面（表）

4

❹表布前面の指定の位置に持ち手を仮止めする　後面も同様にする

❺

裏布（裏）

❺❹の表面に裏布を中表に重ね、上部分を縫う　これを2組作る

❻❺を2組とも開き中表に合わせ、縫い代を開き、返し口を残して周囲を縫う
❼返し口から表に返し、裏布が表になる状態にして、返し口をとじ合わせる

49

5 ビタミンカラーのフルーツ　口絵12頁

a ＜ミニバッグ＞
- ●麻地(ペールイエロー)　ヨコ70×タテ35cm。
- ●コスモ25番刺繍糸　グリーン325A　赤2343。
- ●裏地用木綿地　ヨコ50×タテ30cm、
  接着芯　ヨコ45×タテ25cm。

b
- ●麻地(ライム)　20×20cm。
- ●コスモ25番刺繍糸　黄299　グリーン536。

- ●aとbで刺し方が違う所(いちご1・2)は、bを別に解説しました。
- ●糸番号は、a(b)の順に解説しています。

aの裁ち方図、仕立て方は49頁に掲載

チェーン・S
2343(299)(1)

アウトライン・S 2343(2)

アウトライン・S
(3～5列)
325A(299)(2)

フレンチナット・S
325A(2)
(上から重ねる)

アウトライン・S
2343(2)(刺しうめる)

チェーン・S 2343(1)

中から
シャドー・S
325A(536)(2)
アウトライン・S
325A(536)(1)

チェーン・S
2343(536)(1)

ストレート・S
325A(536)(2)

チェーン・S
2343(299)(1)

チェーン・S
325A(536)(1)

aいちご1

チェーン・S
2343(299)(1)

リーフ・S
325A(536)(2)

ストレート・S
325A(536)(2)

リーフ・S 325A(536)(2)

ストレート・S
325A(536)(2)

チェーン・S
2343(299)(1)

チェーン・S
2343(299)(1)

aいちご
2

プレーンナット・S
325A(536)(2)

チェーン・S
2343(299)(1)

チェーン・S
2343(299)(1)

アウトライン・S
2343(299)(1)

ストレート・S
325A(2)

アウトライン・S
2343(299)(1)

シャドー・S 2343(299)(2)

ストレート・S
325A(2)

チェーン・S 2343(1)

ストレート・S
325A(2)

チェーンダーニング・S
325A(2)

シャドー・S 325A(299)(2)

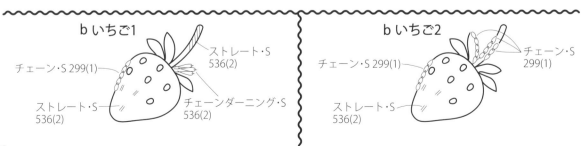

bいちご1

チェーン・S 299(1)

ストレート・S
536(2)

ストレート・S
536(2)

チェーンダーニング・S
536(2)

bいちご2

チェーン・S 299(1)

チェーン・S
299(1)

ストレート・S
536(2)

6 カラフルな野菜たち 口絵14頁

a b
- **a** コスモ599番コーム(99生成)　20×20cm。
  b 麻地(オフホワイト)　20×20cm。
- コスモ25番刺繍糸
  a 浅葱2253　オレンジ403・405　赤紫483　グリーン2535、2011　白100。
  b ブルー167　青紫173　浅葱253　グリーン271、327　オレンジ403・405。

● 糸番号は、**a**(**b**)の順に解説しています。( )のないものは共通です。

アウトライン・S 白(167)(1)

アウトライン・S
白(167)(1)(上から重ねる)

アウトライン・S、ストレート・S
白(167)(1)

アウトライン・S
白(167)(1)

アウトライン・S
白(167)(2)(上から重ねる)

アウトライン・S
405(2)

アウトライン・S
403(2)(刺しうめる)

白(167)(1)

2535(253)(2)

アウトライン・S
白(167)(1)
(刺しうめる)

アウトライン・S
403(2)(刺しうめる)

405(2)

シャドー・S
2011(271)(2)

ストレート・S
白(167)(1)

403(1)

アウトライン・S
2011(271)(1)

アウトライン・S
白(167)(1)

483
(173)
(1)

2253(327)(1)

サテン・S
2011(271)(1)

アウトライン・S
2011(271)(2)
(刺しうめる)

2253
(327)(2)

アウトライン・S
白(167)(2)

アウトライン・S
白(167)(2)
(内側は上から重ねる)

2253
(327)
(2)

405
(2)

アウトライン・S
2535(253)(2)

アウトライン・S
2253(327)(2)

アウトライン・S
2253(327)(2)
(刺しうめる)

チェーン・S
2011(271)(2)
(刺しうめる)

2253(327)(2)

ストレート・S
白(167)(2)

アウトライン・S
2535(253)(2)
(刺しうめる)

アウトライン・S
2011(271)(1)
(刺しうめる)

アウトライン・S
403(2)(刺しうめる)

アウトライン・S
白(167)(1)

アウトライン・S
白(167)(2)

アウトライン・S
白(167)(2)

シャドー・S
483(173)(2)

サテン・S
2011(271)(1)

チェーン・S
483(173)(2)(刺しうめる)

チェーン・S 白(167)(1)

アウトライン・S
2535(253)(1)

シャドー・S 2535(253)(2)

チェーン・S 白(167)(1)

アウトライン・S 白(167)(1)

7 シンプルカラーの木の葉　口絵16頁

a、b

●コスモ1700番フリーステッチ用コットンクロス　20×20cm(一枚分)。
　a　71マスタード
　b　83プラムグレー
●コスモ25番刺繍糸
　a　ブルー164　紫2035。
　b　ピンクローズ503　白100。

●糸は、指定以外全て**a**は2035、**b**は白を使用します。

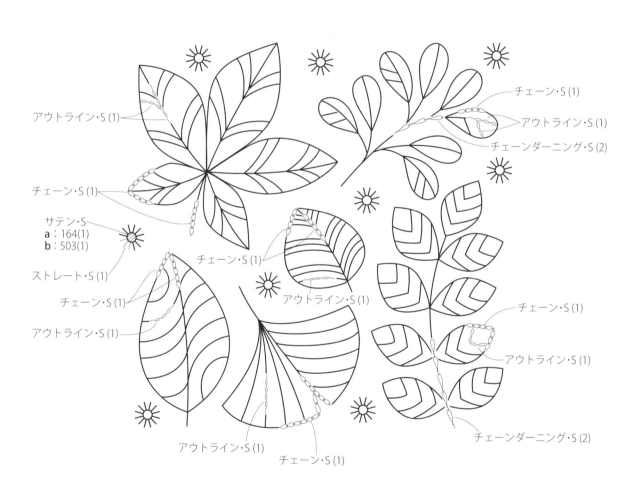

アウトライン・S (1)

チェーン・S (1)

サテン・S
a : 164(1)
b : 503(1)

ストレート・S (1)

チェーン・S (1)

アウトライン・S (1)

アウトライン・S (1)

チェーン・S (1)

チェーン・S (1)

アウトライン・S (1)

チェーン・S (1)

アウトライン・S (1)

チェーン・S (1)

チェーンダーニング・S (2)

チェーン・S (1)

アウトライン・S (1)

チェーンダーニング・S (2)

9 木立と小鳥　口絵 20 頁

●糸番号は、**a**(**b**)の順に解説しています。
●木は、**幹1**、**葉Ⓐ**の刺し方を使用し、色を変えて刺します。

a ＜額＞

●コスモ1700番フリーステッチ用コットンクロス(06ブラウン)
　20×20cm。
●コスモ25番刺繍糸　黄144A・145・147　ローズ2222・
　223・2224　グリーン271・272・274・276。
●接着芯　20×20cm、市販の額縁[額内寸15×15cm]　1個。

●刺し終えたら、裏に接着芯を貼り、額縁の大きさに合わせて
　カットし、はめ込みます。

b

●コスモ1700番フリーステッチ用コットンクロス
　(71マスタード)　20×20cm。
●コスモ25番刺繍糸　グリーン2118・119・121
　グレー2151・153A　ブルー164・165A・166
　白2500。

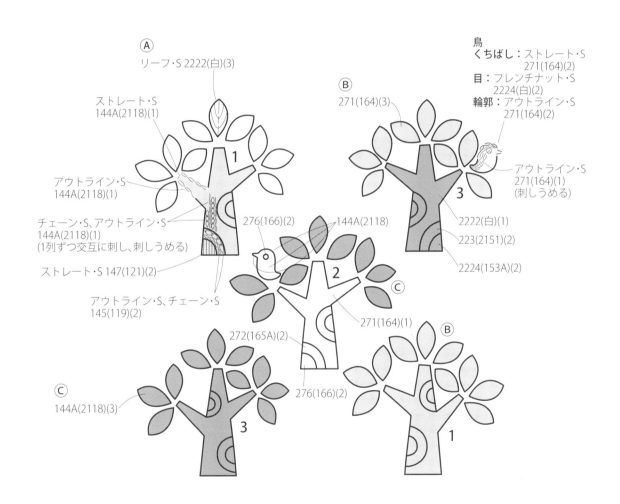

Ⓐ
リーフ・S 2222(白)(3)

ストレート・S
144A(2118)(1)

アウトライン・S
144A(2118)(1)

チェーン・S、アウトライン・S
144A(2118)(1)
(1列ずつ交互に刺し、刺しうめる)

ストレート・S 147(121)(2)

アウトライン・S、チェーン・S
145(119)(2)

276(166)(2)

144A(2118)

271(164)(1)

272(165A)(2)

276(166)(2)

Ⓒ
144A(2118)(3)

3

Ⓒ

271(164)(3)

鳥
くちばし：ストレート・S
271(164)(2)
目：フレンチナット・S
2224(白)(2)
輪郭：アウトライン・S
271(164)(2)

Ⓑ

アウトライン・S
271(164)(1)
(刺しうめる)

2222(白)(1)
223(2151)(2)
2224(153A)(2)

Ⓑ
1

8 木の実　口絵18頁

●糸番号は、**a**(**b**)の順に解説しています。(　)のないものは共通です。

a
●コスモ1700番フリーステッチ用コットンクロス
　(39オリーブグリーン)　ヨコ20×タテ20cm。
●コスモ25番刺繍糸
　グレー151　グリーン325A・326　オレンジ1402・403
　赤紫482・483　ブルー2662・664A。

b <がま口>
●コスモ1700番フリーステッチ用コットンクロス
　(82ストーングレー)　ヨコ40×タテ20cm。
●コスモ25番刺繍糸
　グレー151　グリーン317・318　オレンジ402・1402　赤紫
　481A・482　ブルー2662・664A。
●裏地用木綿地　ヨコ40×タテ20cm、10.5cm巾丸型口金　1個。

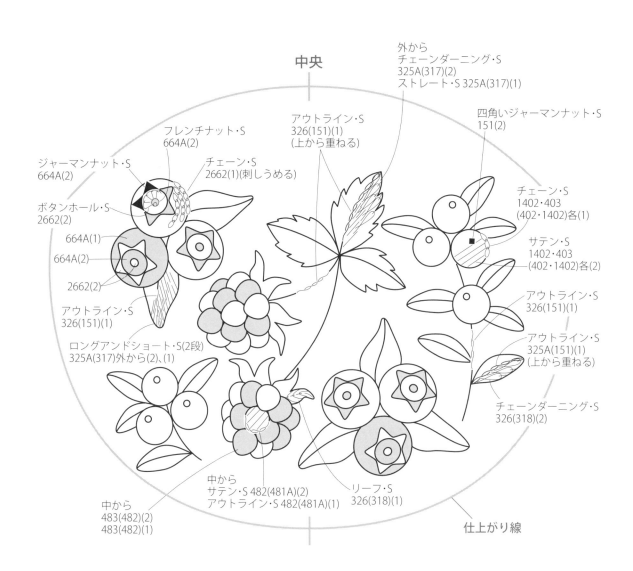

中央

外から
チェーンダーニング・S
325A(317)(2)
ストレート・S 325A(317)(1)

四角いジャーマンナット・S
151(2)

アウトライン・S
326(151)(1)
(上から重ねる)

フレンチナット・S
664A(2)

チェーン・S
2662(1)(刺しうめる)

ジャーマンナット・S
664A(2)

チェーン・S
1402・403
(402・1402)各(1)

ボタンホール・S
2662(2)

サテン・S
1402・403
(402・1402)各(2)

664A(1)

664A(2)

2662(2)

アウトライン・S
326(151)(1)

アウトライン・S
326(151)(1)

ロングアンドショート・S(2段)
325A(317)外から(2)、(1)

アウトライン・S
325A(151)(1)
(上から重ねる)

チェーンダーニング・S
326(318)(2)

中から
サテン・S 482(481A)(2)
アウトライン・S 482(481A)(1)

リーフ・S
326(318)(1)

中から
483(482)(2)
483(482)(1)

仕上がり線

b ＜がま口＞

仕立て方

❶表布前面に刺しゅうする

表布後面(表)

表布前面(裏)

❷❶と後面を中表に合わせ、
あき止まりより下を縫う
(裏布も同様に縫う)

実物大型紙
(縫い代を含む)

わ

あき止まり

表布、裏布
各2枚

表布：刺しゅう布
裏布：木綿地

裏布(表)

❸表布と裏布を外表に
合わせ、布端をまつる

表布(表)

裏布(表)

❹口金の溝に接着剤を入れ、
❸と紙ひもを目打ちで押し
込む

仕上がり線

❹口金の両端を
ペンチで押さえる

表布(表)

裁ち切り線

● ●

12 花のリース   口絵 26 頁   解説は59頁に掲載

a ＜オーナメント＞

仕立て方   単位：cm

❶刺しゅう布に刺しゅうし、
縫い代を3cm残して裁つ

刺しゅう枠

縫い代
約3cm

15

刺しゅう布(表)

❸内側の枠を❶の下に置き、
外側の枠を上にのせて挟む

❷周囲をぐし縫いする

刺しゅう布(裏)

❹❷の糸を絞る

❺糸を渡して絞り、形を整える

10 かもめ　口絵 22 頁

実物大型紙
(縫い代を含む)

表布、裏布、
接着芯(縫い代不要)
各2枚

表布：刺しゅう布
裏布：木綿地

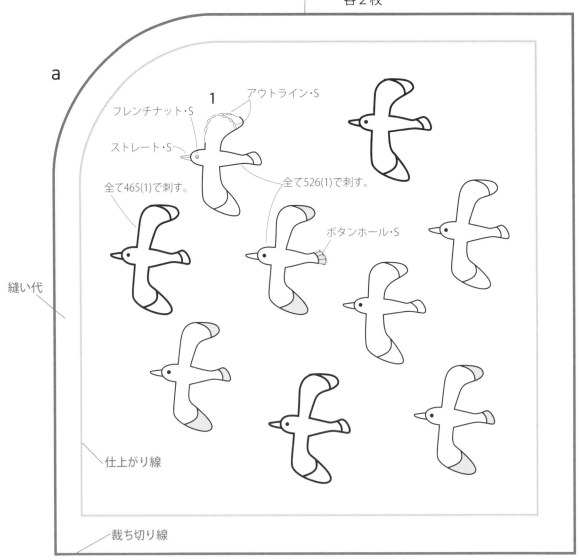

a

フレンチナット・S

アウトライン・S

1

ストレート・S

全て465(1)で刺す。

全て526(1)で刺す。

ボタンホール・S

縫い代

仕上がり線

裁ち切り線

〜〜〜〜〜〜〜〜〜〜〜〜〜〜〜〜〜〜〜〜〜〜〜〜〜〜

 仕立て方　単位：cm

❶表布前面に刺しゅうする
❷❶と、後面の裏に接着芯を貼る
❸ファスナーの端を始末する

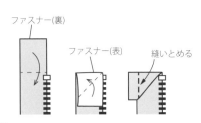

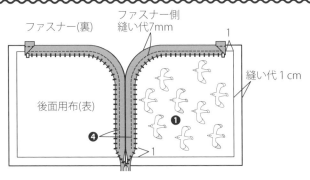

❹ファスナーを開いて、❶と裏面用布それぞれに
　端から1cmずつひかえて縫いつける

a

●コスモ1700番フリーステッチ用コットンクロス
　(35アイボリー)　35×20cm。
●コスモ25番刺繍糸　赤茶465　ブルー526。
●裏地用木綿地　35×20cm、接着芯30×15cm
　24cmファスナー　1本。

●刺し方は、指定以外全て**鳥1**と同様です。

b

●コスモ1700番フリーステッチ用コットンクロス
　(41ターコイズグリーン)　30×20cm。
●コスモ25番刺繍糸　ブルー2212、526　黄301　白500。

●型紙とポーチの材料は**a**と同様です。
●刺し方は全て鳥1と同様です。
●糸は、全て1本取りで刺します。

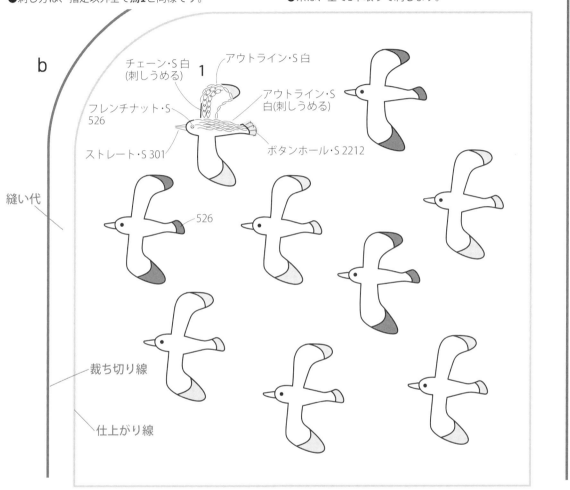

b

1

チェーン・S 白
(刺しうめる)

アウトライン・S 白

アウトライン・S
白(刺しうめる)

フレンチナット・S
526

ストレート・S 301

ボタンホール・S 2212

縫い代

526

裁ち切り線

仕上がり線

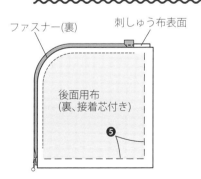

ファスナー(裏)

刺しゅう布表面

後面用布
(裏、接着芯付き)

❺

❹を中表にしてのこりの2辺を縫い、
表に返しておく

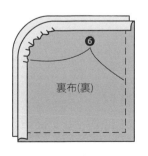

❻

裏布(裏)

❻裏布も同様に中表にして2辺を縫い、
あけ口は縫い代を折り、
アイロンで形を作る

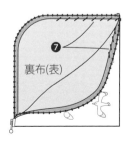

❼

裏布(表)

❼❺の中に❻を入れ込み、ファス
ナーのきわに一周まつりつける

11 かわいい小花 口絵 24 頁

bの裁ち方図、仕立て方は72頁に掲載

a
- ●コスモ1700番フリーステッチ用コットンクロス(11白)　20×20cm。
- ●コスモ25番刺繍糸　黄143　ブルー166　グリーン327。

b ＜巾着＞
- ●コスモ1700番フリーステッチ用コットンクロス(31スモーキーブルー)
  40×30cm。
- ●コスモ25番刺繍糸　ブルー165A　赤茶855　白500。
- ●裏地用木綿地ヨコ20×タテ35cm、9mm巾綿テープ　1m。

●糸番号は、**a**(**b**)の順に解説しています。

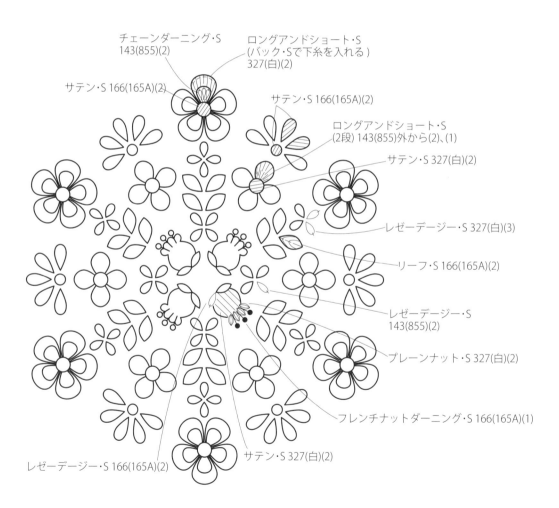

チェーンダーニング・S
143(855)(2)

ロングアンドショート・S
(バック・Sで下糸を入れる)
327(白)(2)

サテン・S 166(165A)(2)

サテン・S 166(165A)(2)

ロングアンドショート・S
(2段) 143(855)外から(2)、(1)

サテン・S 327(白)(2)

レゼーデージー・S 327(白)(3)

リーフ・S 166(165A)(2)

レゼーデージー・S
143(855)(2)

プレーンナット・S 327(白)(2)

フレンチナットダーニング・S 166(165A)(1)

サテン・S 327(白)(2)

レゼーデージー・S 166(165A)(2)

12 花のリース　口絵 26 頁　　**aの仕立て方は55頁に掲載**

a ＜オーナメント＞
●コスモ1700番フリーステッチ用コットンクロス(31スモーキーブルー)　25×25cm。
●コスモ25番刺繍糸　黄144A　ブルー166　えんじ1241　白500。
●直径15cmの刺しゅう枠　一個。

b
●コスモ1700番フリーステッチ用コットンクロス(04ネイビー)　20×20cm。
●コスモ25番刺繍糸　黄299　ピンク834　グリーン924　白500。

●糸番号は、**a**(**b**)の順に解説しています。(　)のないものは共通です。

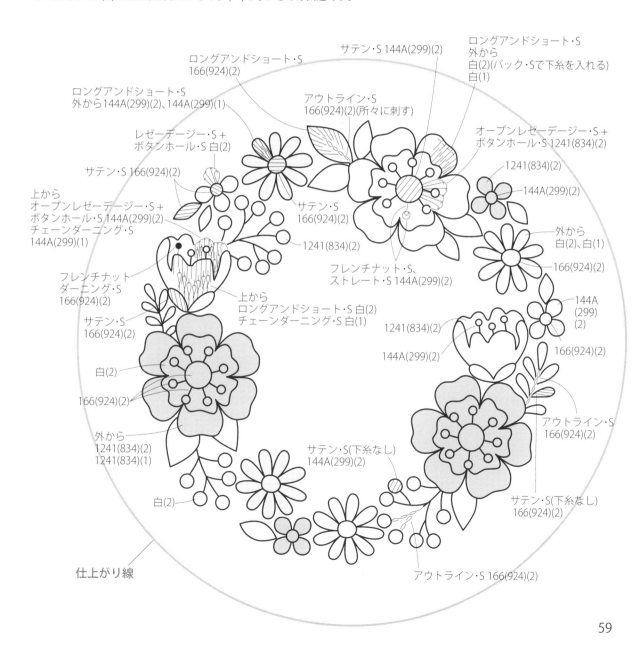

ロングアンドショート・S
166(924)(2)

サテン・S 144A(299)(2)

ロングアンドショート・S
外から
白(2)(バック・Sで下糸を入れる)
白(1)

ロングアンドショート・S
外から144A(299)(2)、144A(299)(1)

アウトライン・S
166(924)(2)(所々に刺す)

オープンレゼーデージー・S ＋
ボタンホール・S 1241(834)(2)

レゼーデージー・S ＋
ボタンホール・S 白(2)

1241(834)(2)

144A(299)(2)

サテン・S 166(924)(2)

サテン・S
166(924)(2)

上から
オープンレゼーデージー・S ＋
ボタンホール・S 144A(299)(2)
チェーンダーニング・S
144A(299)(1)

外から
白(2)、白(1)

1241(834)(2)

166(924)(2)

フレンチナット
ダーニング・S
166(924)(2)

フレンチナット・S、
ストレート・S 144A(299)(2)

144A
(299)
(2)

サテン・S
166(924)(2)

上から
ロングアンドショート・S 白(2)
チェーンダーニング・S 白(1)

1241(834)(2)

166(924)(2)

白(2)

144A(299)(2)

166(924)(2)

外から
1241(834)(2)
1241(834)(1)

サテン・S(下糸なし)
144A(299)(2)

アウトライン・S
166(924)(2)

白(2)

サテン・S(下糸なし)
166(924)(2)

仕上がり線

アウトライン・S 166(924)(2)

59

13 ビビッド＆パステルな花模様　口絵 28 頁

a
●コスモ1700番フリーステッチ用コットンクロス(01黒)　20×20cm。
●コスモ25番刺繍糸　黄145、2299・2301　グリーン271、536A　赤紫482　ブルー2025。

b ＜オーナメント＞
●コスモ1700番フリーステッチ用コットンクロス(11白)　20×20cm。
●コスモ25番刺繍糸　グリーン2117、921　紫262　浅葱375　茶384　ブルー412　赤茶461。

●紙面の都合上、1〜4の花と葉は、別図にして解説しました。
●糸番号は、a(b)の順に解説しています。

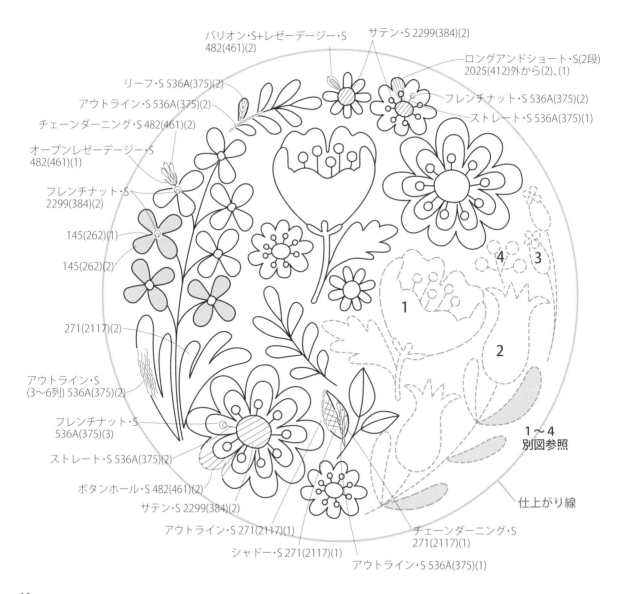

バリオン・S+レゼーデージー・S
482(461)(2)

サテン・S 2299(384)(2)

ロングアンドショート・S(2段)
2025(412)外から(2)、(1)

リーフ・S 536A(375)(2)

フレンチナット・S 536A(375)(2)

アウトライン・S 536A(375)(2)

ストレート・S 536A(375)(1)

チェーンダーニング・S 482(461)(2)

オープンレゼーデージー・S
482(461)(1)

フレンチナット・S
2299(384)(2)

145(262)(1)

145(262)(2)

271(2117)(2)

アウトライン・S
(3〜6列) 536A(375)(2)

フレンチナット・S
536A(375)(3)

ストレート・S 536A(375)(2)

ボタンホール・S 482(461)(2)

サテン・S 2299(384)(2)

アウトライン・S 271(2117)(1)

シャドー・S 271(2117)(1)

アウトライン・S 536A(375)(1)

チェーンダーニング・S
271(2117)(1)

1〜4
別図参照

仕上がり線

b ＜オーナメント＞

> **仕立て方**

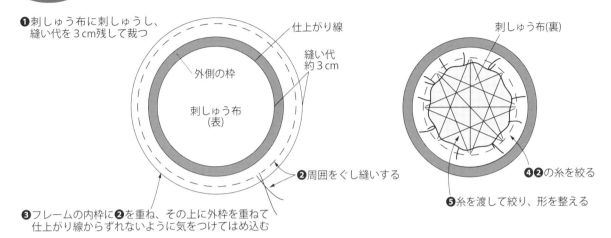

❶刺しゅう布に刺しゅうし、縫い代を3cm残して裁つ

仕上がり線

縫い代
約3cm

外側の枠

刺しゅう布
(表)

❷周囲をぐし縫いする

❸フレームの内枠に❷を重ね、その上に外枠を重ねて仕上がり線からずれないように気をつけてはめ込む

刺しゅう布(裏)

❹❷の糸を絞る

❺糸を渡して絞り、形を整える

1～4別図

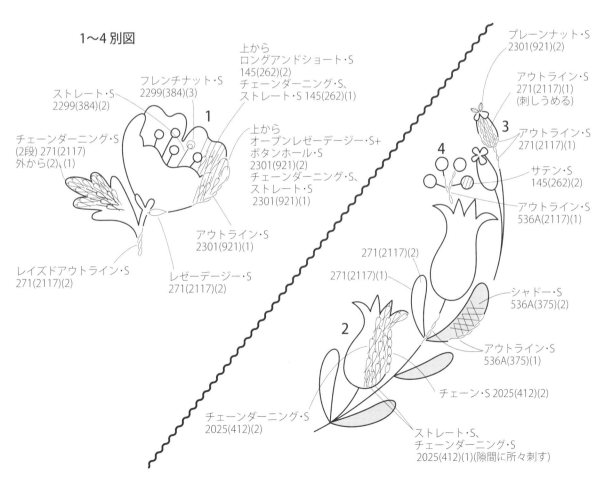

ストレート・S
2299(384)(2)

フレンチナット・S
2299(384)(3)

上から
ロングアンドショート・S
145(262)(2)
チェーンダーニング・S、
ストレート・S 145(262)(1)

チェーンダーニング・S
(2段) 271(2117)
外から(2)、(1)

1

上から
オープンレゼーデージー・S＋
ボタンホール・S
2301(921)(2)
チェーンダーニング・S、
ストレート・S
2301(921)(1)

アウトライン・S
2301(921)(1)

レイズドアウトライン・S
271(2117)(2)

レゼーデージー・S
271(2117)(2)

プレーンナット・S
2301(921)(2)

アウトライン・S
271(2117)(1)
(刺しうめる)

3

アウトライン・S
271(2117)(1)

4

サテン・S
145(262)(2)

アウトライン・S
536A(2117)(1)

271(2117)(2)

271(2117)(1)

シャドー・S
536A(375)(2)

2

アウトライン・S
536A(375)(1)

チェーン・S 2025(412)(2)

チェーンダーニング・S
2025(412)(2)

ストレート・S、
チェーンダーニング・S
2025(412)(1)(隙間に所々刺す)

14 ピンク＆オレンジのポピー

口絵 30 頁

a ＜ファブリックパネル＞
- コスモ1700番フリーステッチ用コットンクロス (11白) 25×25cm。
- コスモ25番刺繍糸　グリーン2117・2118・119　黄褐色573　金茶702・2702・703　赤茶853〜855　ブルーグレー983　白2500。
- 市販の15cm角木製パネル[仕上がり寸法：ヨコ15×タテ15×奥行1.5cm]　1個。

b
- コスモ1700番フリーステッチ用コットンクロス(75モカベージュ) 25×25cm。
- コスモ25番刺繍糸　ピンク106　グリーン2118・119・120　グレー151・2151　赤紫2480・482・483　ブルーグレー984　白2500。
- 紙面の都合上、**中央の花**を別図にして糸番号を解説しました。
- 花弁は、**花1と2**の刺し方と本数を使用し、色のみ変えて刺します。花芯は全て同様に刺します。
- 糸番号は、**a(b)**の順に解説しています。( )のないものは共通です。

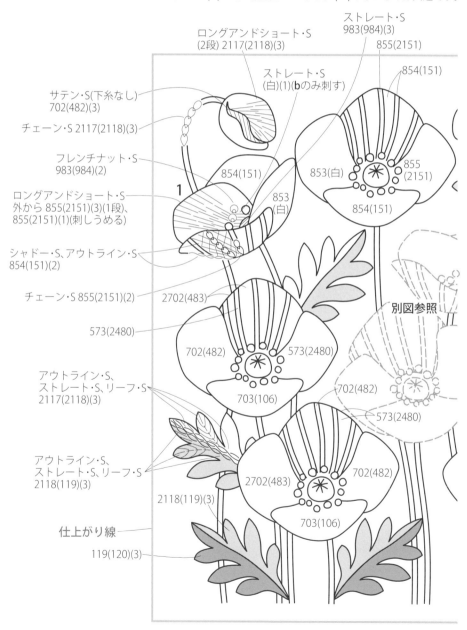

ロングアンドショート・S (2段) 2117(2118)(3)

ストレート・S 983(984)(3)
855(2151)

854(151)

ストレート・S (白)(1)(**b**のみ刺す)

サテン・S(下糸なし) 702(482)(3)

チェーン・S 2117(2118)(3)

フレンチナット・S 983(984)(2)

ロングアンドショート・S 外から 855(2151)(3)(1段)、855(2151)(1)(刺しうめる)

シャドー・S、アウトライン・S 854(151)(2)

チェーン・S 855(2151)(2)

854(151)

853 (白)

853(白)

855 (2151)

854(151)

2702(483)

別図参照

573(2480)

702(482)

573(2480)

702(482)

703(106)

573(2480)

アウトライン・S、ストレート・S、リーフ・S 2117(2118)(3)

アウトライン・S、ストレート・S、リーフ・S 2118(119)(3)

2702(483)

702(482)

2118(119)(3)

703(106)

仕上がり線

119(120)(3)

62

a ＜ファブリックパネル＞

仕立て方　　単位：cm

❶刺しゅう布に刺しゅうをし、仕上がりから
　外側に約3cm残して裁つ
❷木製パネルの □ 部分に両面テープを貼り、
　布を少し引っ張りながら貼り付ける

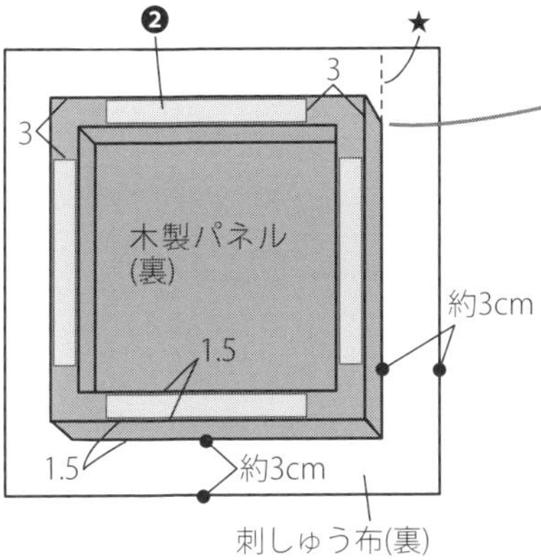

❷
❷　❸
★
木製パネル(裏)
3
3
木製パネル
(裏)
約3cm
1.5
1.5
約3cm
刺しゅう布(裏)

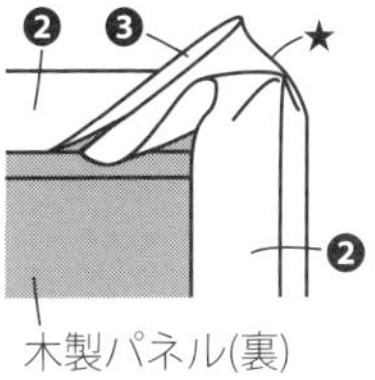

❸角の余った布を★印に沿って
　折り目をつけ、引っ張りながら
　図のように折り込む

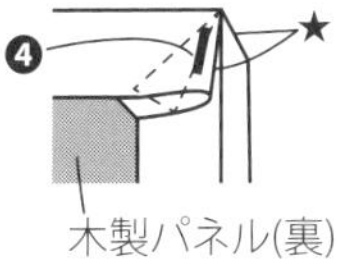

❹
★
木製パネル(裏)

❹開いたホチキスで留めつける

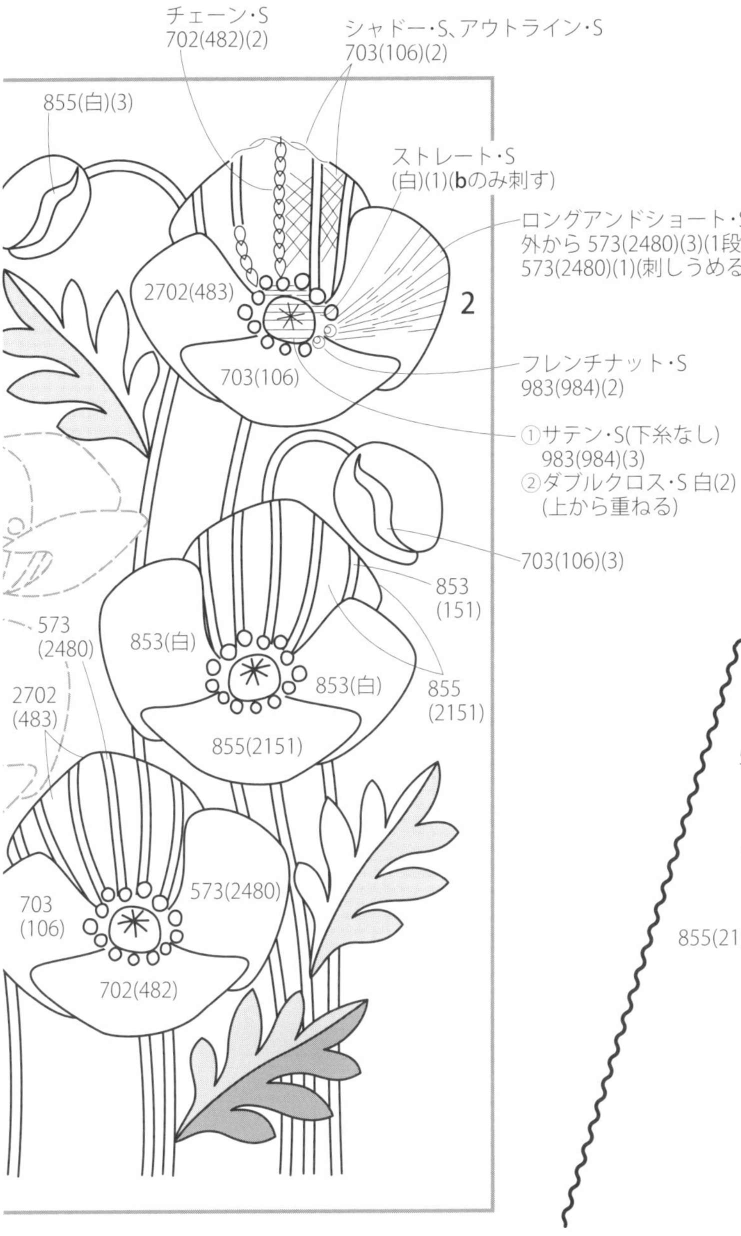

チェーン・S
702(482)(2)

シャドー・S、アウトライン・S
703(106)(2)

855(白)(3)

ストレート・S
(白)(1)(**b**のみ刺す)

ロングアンドショート・S
外から 573(2480)(3)(1段)、
573(2480)(1)(刺しうめる)

2702(483)

2

703(106)

フレンチナット・S
983(984)(2)

①サテン・S(下糸なし)
　983(984)(3)
②ダブルクロス・S 白(2)
　(上から重ねる)

703(106)(3)

853
(151)

573
(2480)

853(白)

853(白)

855
(2151)

2702
(483)

855(2151)

703
(106)

573(2480)

702(482)

中央の花 別図

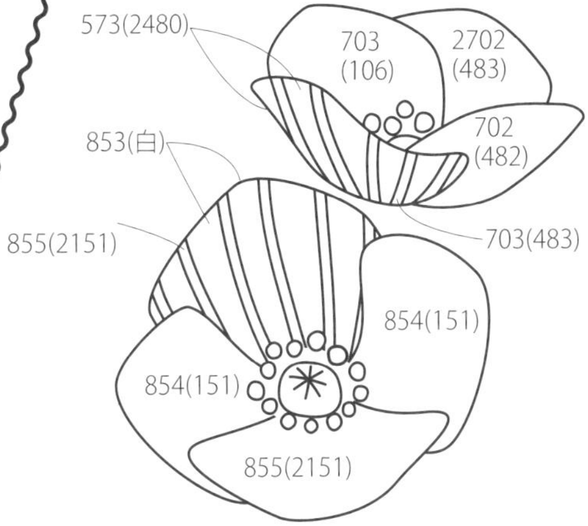

573(2480)

703
(106)

2702
(483)

853(白)

702
(482)

855(2151)

703(483)

854(151)

854(151)

855(2151)

15 布色ちがいの花刺しゅう 口絵 32 頁

a、b

● **a** コスモ500番コーム(生成)　20×20cm。
　b 麻地(レッド)　25×25cm。
● コスモ25番刺繍糸
　a グリーン324　赤茶852・854　ブルー667A　白500。
　b グリーン324　赤茶852・854　ブルーグレー734　白500。

● 紙面の都合上、花★を別図にして解説しました。
● 糸番号は、**a**(**b**)の順に解説しています。
　( )のないものは共通です。

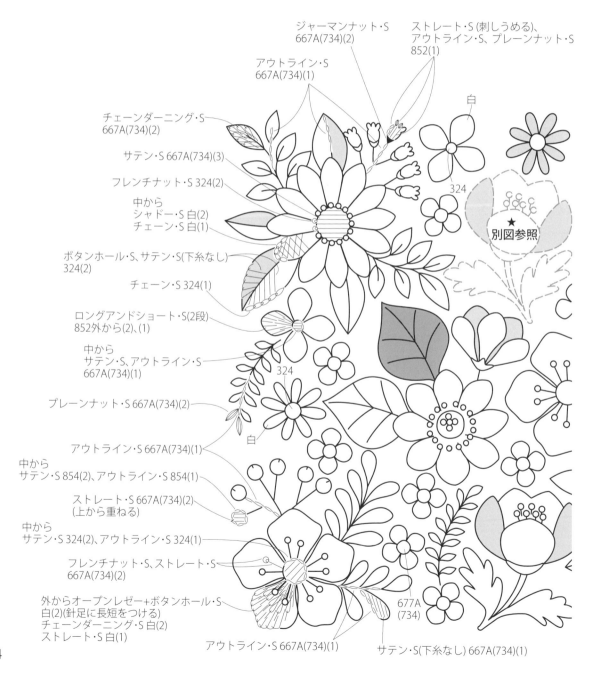

ジャーマンナット・S 667A(734)(2)

ストレート・S (刺しうめる)、アウトライン・S、プレーンナット・S 852(1)

アウトライン・S 667A(734)(1)

白

チェーンダーニング・S 667A(734)(2)

サテン・S 667A(734)(3)

フレンチナット・S 324(2)

324

中から
シャドー・S 白(2)
チェーン・S 白(1)

別図参照 ★

ボタンホール・S、サテン・S(下糸なし) 324(2)

チェーン・S 324(1)

ロングアンドショート・S(2段) 852外から(2)、(1)

中から
サテン・S、アウトライン・S 667A(734)(1)

プレーンナット・S 667A(734)(2)

324

アウトライン・S 667A(734)(1)

白

中から
サテン・S 854(2)、アウトライン・S 854(1)

ストレート・S 667A(734)(2)
(上から重ねる)

中から
サテン・S 324(2)、アウトライン・S 324(1)

フレンチナット・S、ストレート・S 667A(734)(2)

外からオープンレゼー+ボタンホール・S 白(2)(針足に長短をつける)
チェーンダーニング・S 白(2)
ストレート・S 白(1)

677A (734)

アウトライン・S 667A(734)(1)

サテン・S(下糸なし) 667A(734)(1)

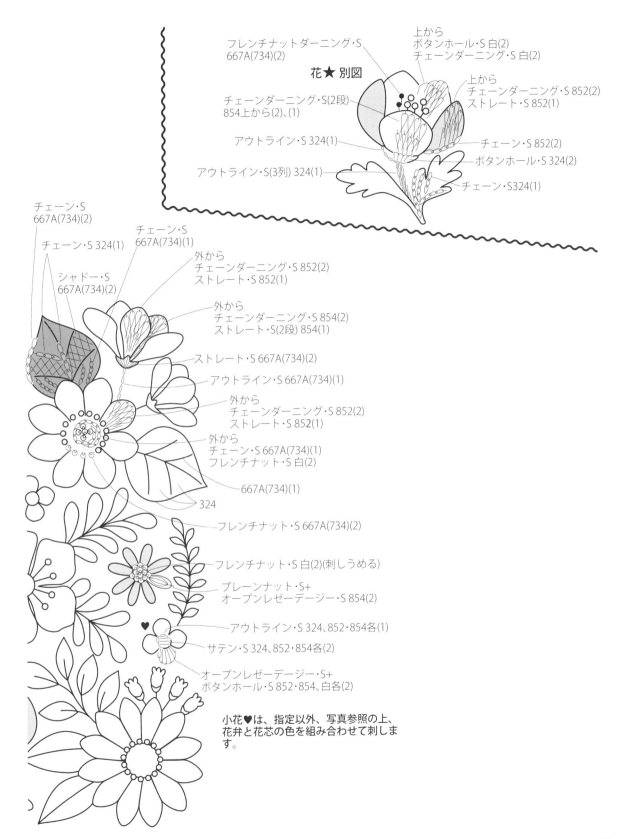

フレンチナットダーニング・S
667A(734)(2)

上から
ボタンホール・S 白(2)
チェーンダーニング・S 白(2)

花★ 別図

上から
チェーンダーニング・S 852(2)
ストレート・S 852(1)

チェーンダーニング・S(2段)
854上から(2)、(1)

アウトライン・S 324(1)

チェーン・S 852(2)

アウトライン・S(3列) 324(1)

ボタンホール・S 324(2)

チェーン・S324(1)

チェーン・S
667A(734)(2)

チェーン・S 324(1)

チェーン・S
667A(734)(1)

シャドー・S
667A(734)(2)

外から
チェーンダーニング・S 852(2)
ストレート・S 852(1)

外から
チェーンダーニング・S 854(2)
ストレート・S(2段) 854(1)

ストレート・S 667A(734)(2)

アウトライン・S 667A(734)(1)

外から
チェーンダーニング・S 852(2)
ストレート・S 852(1)

外から
チェーン・S 667A(734)(1)
フレンチナット・S 白(2)

667A(734)(1)

324

フレンチナット・S 667A(734)(2)

フレンチナット・S 白(2)(刺しうめる)

プレーンナット・S+
オープンレゼーデージー・S 854(2)

アウトライン・S 324、852・854各(1)

サテン・S 324、852・854各(2)

オープンレゼーデージー・S+
ボタンホール・S 852・854、白各(2)

小花❤は、指定以外、写真参照の上、
花弁と花芯の色を組み合わせて刺します。

16 小花の連続模様 口絵 34 頁

a、b
- ●コスモ3900番ジャバクロス55　20×20cm(一枚分)。
  - **a**　10オフホワイト
  - **b**　31シルバーグレー
- ●コスモ25番刺繍糸
  - **a**　グリーン271、2010　オレンジ1402　赤紫482。
  - **b**　ブルー165A　青紫174　グリーン318、2009。

c、d ＜がま口＞
- ●コスモ3900番ジャバクロス55　ヨコ20×タテ25cm(一個分)。
  - **c**　25ナチュラルベージュ
  - **d**　54ノーブルグレー
- ●コスモ25番刺繍糸
  - **c**　オレンジ2402・404　ローズ2222　グリーン2013。
  - **d**　ブルー2167　赤344　茶386　白2500。
- ●裏地用木綿地　ヨコ20×タテ25cm、7.5cm巾口金　1個
  (各一個分)。

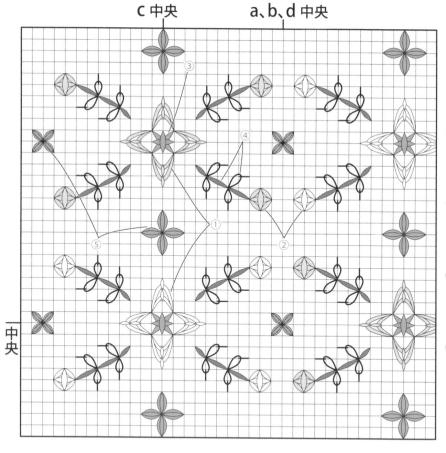

c 中央　　　　　a、b、d 中央

中央

●糸は、すべて
4本取りで刺します。

①オープンレゼーデージー・S
  - a：482、2010
  - b：174、2009
  - c：2402、404
  - d：2167、344

②クロス・S+バック・S
  - a：482、2010
  - b：174、2009
  - c：2402、404
  - d：2167、344

③ダブルクロス・S
  - a：271
  - b：318
  - c：2013
  - d：386

④バック・S、レゼーデージー・S
  - a：271
  - b：318
  - c：2013
  - d：386

⑤プレーンナット・S
  - a：1402
  - b：165A
  - c：2222
  - d：白

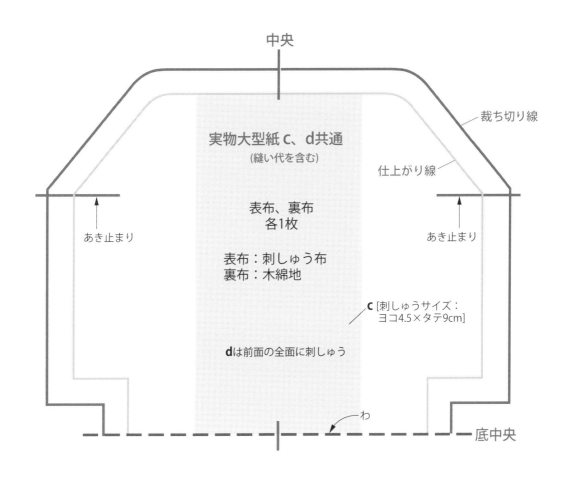

中央

裁ち切り線

実物大型紙 c、d共通
(縫い代を含む)

仕上がり線

表布、裏布
各1枚

あき止まり

あき止まり

表布：刺しゅう布
裏布：木綿地

c [刺しゅうサイズ：
ヨコ4.5×タテ9cm]

dは前面の全面に刺しゅう

わ

底中央

c、d ＜がま口＞  仕立て方

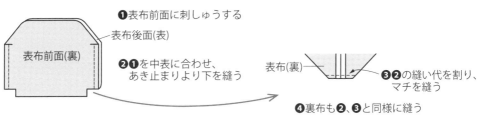

❶表布前面に刺しゅうする

表布後面(表)

表布前面(裏)

❷❶を中表に合わせ、
あき止まりより下を縫う

表布(裏)

❸❷の縫い代を割り、
マチを縫う

❹裏布も❷、❸と同様に縫う

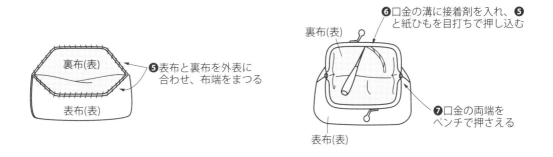

裏布(表)

❺表布と裏布を外表に
合わせ、布端をまつる

表布(表)

❻口金の溝に接着剤を入れ、❺
と紙ひもを目打ちで押し込む

裏布(表)

❼口金の両端を
ペンチで押さえる

表布(表)

17 地刺しのスクエア模様 口絵36頁

a、b

● コスモ3900番ジャバクロス55　15×15cm(一枚分)。
　a　10オフホワイト
　b　54ノーブルグレー
● コスモ25番刺繍糸
　a　ブルー523・525、4792。
　b　グレー474・477　白110。

● 糸は、すべて4本取りで刺します。
● 糸番号は、**a(b)**の順に解説しています。

a、b

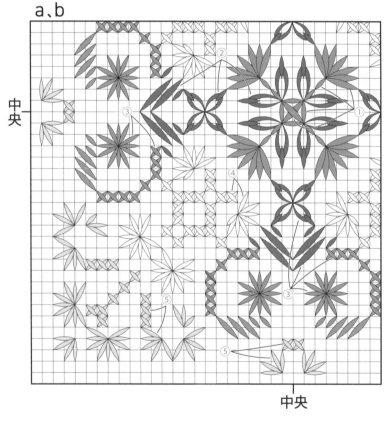

①クロス・S、バック・S、ストレート・S
②レゼーデージー・S、ストレート・S
③クロス・S、ストレート・S
(①～③は続けて刺す) 4792(白)

④クロス・S、ストレート・S
　523(474)

⑤クロス・S、ストレート・S
　525(477)

c、d

●コスモ3900番ジャバクロス55　15×15cm(一枚分)。
　c　90ビンテージブルー
　d　97ガーネット
●コスモ25番刺繍糸
　c　ブルー164　灰褐色366。
　d　灰褐色713　赤茶855。

●糸は、すべて4本取りで刺します。
●糸番号は、**c**(**d**)の順に解説しています。

c、d

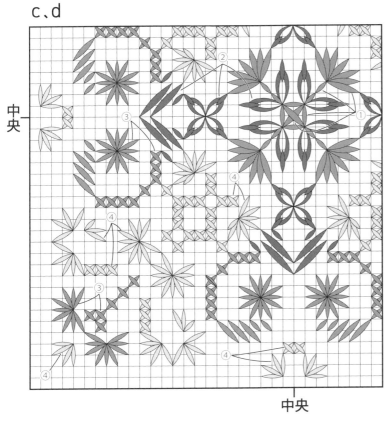

①クロス・S、バック・S、ストレート・S
②レゼーデージー・S、ストレート・S
③クロス・S、ストレート・S
(①〜③は続けて刺す) 366(855)

④クロス・S、ストレート・S
　164(713)

18 はっきりカラーの地刺し模様　口絵 38 頁

a、b
● コスモ3900番ジャバクロス55　ヨコ20×タテ15cm(一枚分)。
 a　25ナチュラルベージュ
 b　31シルバーグレー
● コスモ25番刺繍糸
 a　茶3311　赤茶464　白2500。
 b　ブルー166　グリーン325A　白2500。

● 糸は、すべて4本取りで刺します。
● 糸番号は、**a**(**b**)の順に解説しています。(　)のないものは共通です。

a、b

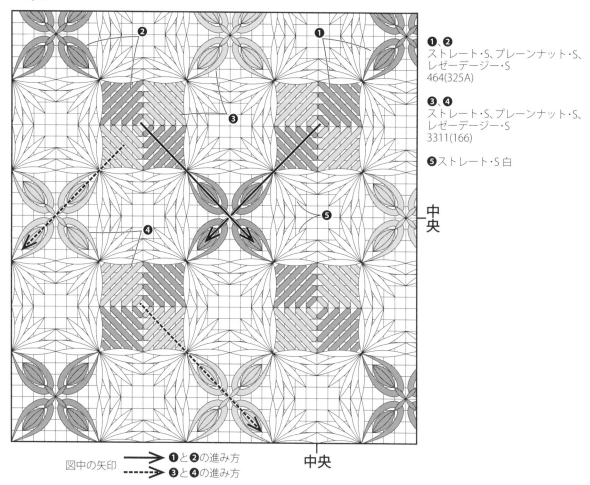

❶、❷
ストレート・S、プレーンナット・S、
レゼーデージー・S
464(325A)

❸、❹
ストレート・S、プレーンナット・S、
レゼーデージー・S
3311(166)

❺ ストレート・S 白

中央

中央

図中の矢印　——→　❶と❷の進み方
    - - -→　❸と❹の進み方

c、d

- ●コスモ3900番ジャバクロス55　ヨコ20×タテ15cm（一枚分）。
  - **c**　89フローズンブルー
  - **d**　1黒
- ●コスモ25番刺繍糸
  - **c**　ブルー663・2664　紫282・284。
  - **d**　茶188、3311、467　オレンジ405。

- ●糸は、すべて4本取りで刺します。
- ●糸番号は、**c**(**d**)の順に解説しています。

c、d

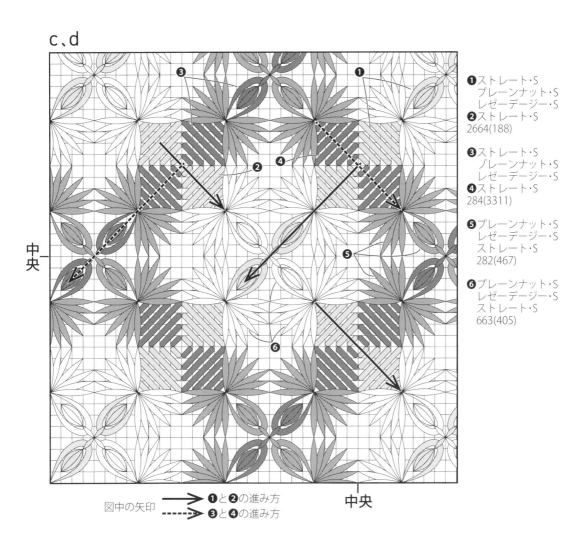

❶ストレート・S
　プレーンナット・S
　レゼーデージー・S
❷ストレート・S
　2664(188)

❸ストレート・S
　プレーンナット・S
　レゼーデージー・S
❹ストレート・S
　284(3311)

❺プレーンナット・S
　レゼーデージー・S
　ストレート・S
　282(467)

❻プレーンナット・S
　レゼーデージー・S
　ストレート・S
　663(405)

中央

中央

図中の矢印　⟶　❶と❷の進み方
　　　　　　 ⇢　❸と❹の進み方

11 かわいい小花　口絵24頁　解説は64頁に掲載

b ＜巾着＞

仕立て方

❶表布前面に刺しゅうする
❷❶と表布後面を中表に合わせ、あき止まりから下を縫う
❸裏布は、底中央で内表に2つ折りにし、❷と同様に縫う
❹❷の縫い代を割り、上端線から外表に折りアイロンをかける
❺❹の袋口を上端線から折ってミシンを2本かけ、テープ通しを作る
❻❺を表に返し、上端の縫い代を折り込んだ❸を入れ、ミシン目のきわにまつりつける
❼❻のテープ通しの上の部分(4ケ所)を、それぞれコの字とじで縫い合わせる(別図参照)
❽テープ通し口に綿テープ(40cm×2本)を両側から通し、結ぶ

裁ち方図　単位：cm

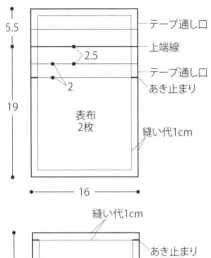

5.5
2.5
2
19
表布 2枚
縫い代1cm
16

テープ通し口
上端線
テープ通し口
あき止まり

14.5
縫い代1cm
あき止まり
裏布 1枚
わ
16

表布…刺しゅう布
裏布…木綿地

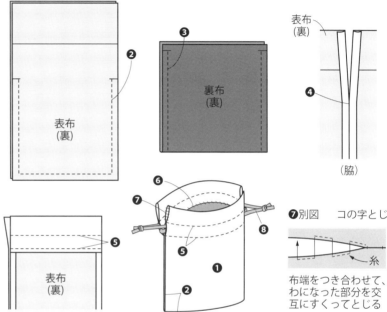

表布(裏)
裏布(裏)
表布(裏)
表布(裏)
(脇)

❼別図　コの字とじ
糸
布端をつき合わせて、わになった部分を交互にすくってとじる

好きを見つける　かわいい　色ちがい刺しゅう　©2023 Kaoru Totsuka　Printed in Japan

2023年7月20日　初版第1刷発行

■著　者　戸塚 薫
■編集人　岩永 幸
■発行人　戸塚康一郎
■発行所　株式会社 啓佑社
　〒112-0014　東京都文京区関口1-8-6 メゾン文京関口II 403号
　TEL.03-3268-2418(代表)　FAX.03-3267-0949

■印　刷　株式会社 シナノ

本誌掲載のものを複製頒布・転載することは禁じられています。
万一、落丁、乱丁がありましたら、お取り換えいたします。

Staff

制作協力／川合 佳代子　菅田 順子　髙野 茂子
　　　　　堂前 充子　藤嶋 康子　(50音順敬称略)
図　案／経 真珠美
撮　影／木下 大造
スタイリング／西森 萌
表紙・目次・扉デザイン／セントラル印刷株式会社
口絵デザイン／株式会社ユニカイエ
協　力／株式会社ルシアン　株式会社たけみや
作品仕立て／保立 恵美子
編集担当／岩永 幸
企画協力／大阿久 綾乃
作り方解説／見田 郁代　小木曽 奈々

ホームページ　http://www.keiyu-sha.co.jp/
https://www.instagram.com/keiyusha/